ŒUVRE

DES

[PE]TITS GARÇONS ORPHELINS

FONDÉE PAR L'ABBÉ LIAUD

[LY]ON-VILLEURBANNE, 46, Cours de la République

[S]ERMON DE CHARITÉ

EN FAVEUR DE L'ŒUVRE

Prononcé par l'Abbé SIREGH

LYON

IMPRIMERIE M. PAQUET

46, Rue de la Charité, 46

—

1904

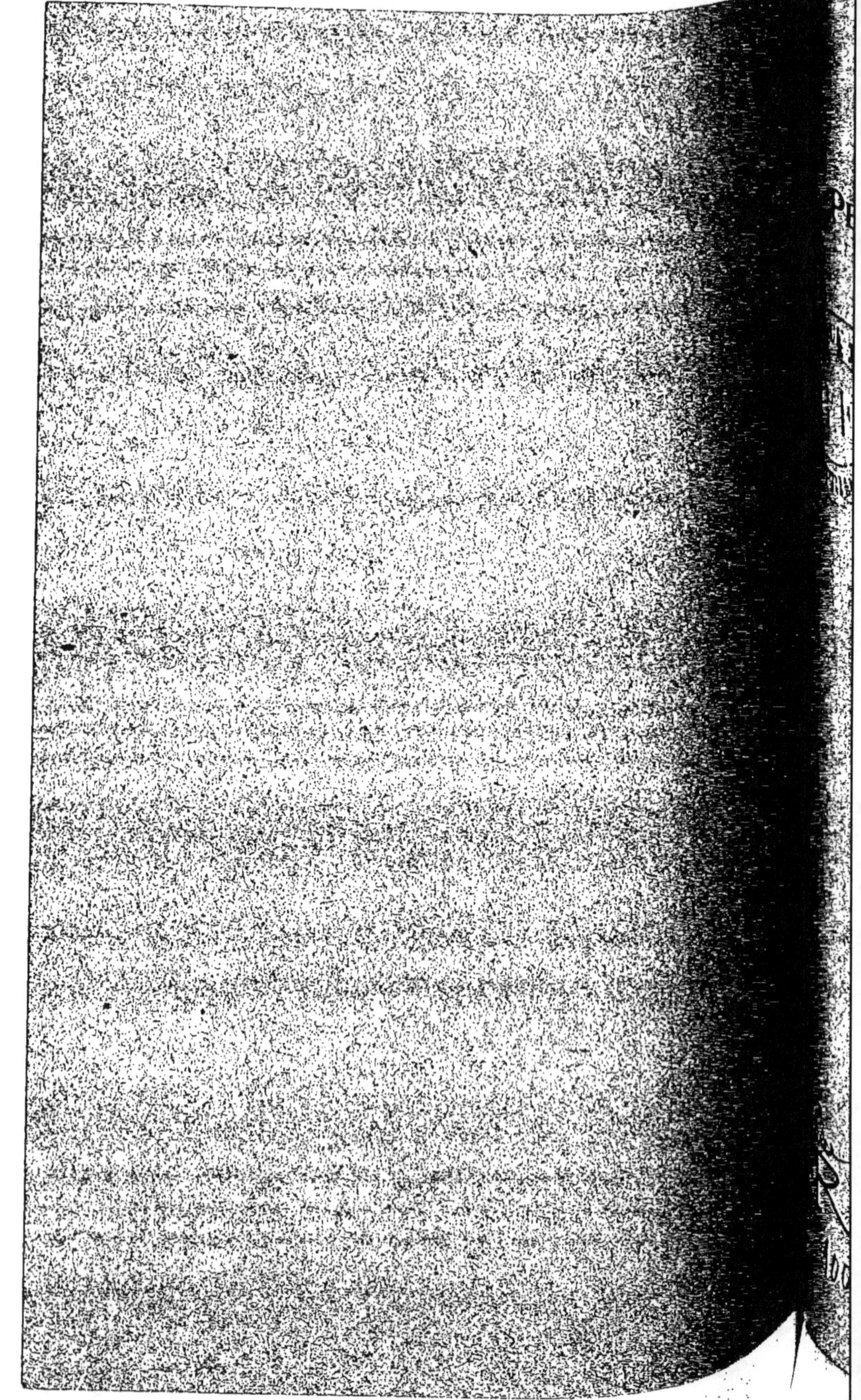

ŒUVRE
DES
PETITS GARÇONS ORPHELINS

FONDÉE PAR L'ABBÉ LIAUD

LYON-VILLEURBANNE, 46, Cours de la République

SERMON DE CHARITÉ

EN FAVEUR DE L'ŒUVRE

Prononcé par l'Abbé SIRECH

LYON
IMPRIMERIE M. PAQUET
46, Rue de la Charité, 46

—

1904

Œuvre des Petits Garçons Orphelins

I. SA FONDATION

Il y a trois ans à peine, dans un des centres les plus populeux et les plus intéressants de la région lyonnaise, à Villeurbanne, dans le quartier de la Cité-Lafayette, au n° 46 du cours de la République, un humble prêtre fondait un établissement charitable, pour venir en aide aux petits garçons orphelins, toujours nombreux dans les grandes villes, surtout au milieu des populations ouvrières. Avec de très modestes ressources, mais avec le précieux concours de généreux dévouements, cette institution a providentiellement prospéré au point d'abriter aujourd'hui une nombreuse famille d'orphelins, puisqu'elle comptera bientôt une trentaine d'enfants. Et pourtant, il faut le dire avec tristesse, ce nombre d'enfants admis représente à peine le dixième des demandes adressées au directeur de l'Œuvre. Il est donc vivement à souhaiter que l'Institution se développe encore, afin qu'elle puisse répondre aux besoins les plus urgents et admettre tous les petits orphelins pauvres qui n'ont pas d'asile. Il est tristement éloquent, le chiffre de ceux qui attendent le jour où ils pourront venir prendre part aux joyeux ébats des heureux admis et partager avec eux le pain de la charité.

C'est aux prix de réels sacrifices et en surmontant de grandes difficultés que l'on arrive à nourrir et à vêtir cette intéressante famille, aussi dans l'espoir de mieux faire connaître la récente fondation et pour inspirer en sa faveur la charité des nombreux amis de l'enfance, on nous a vivement conseillé de publier une petite notice de l'Œuvre. Cette brochure sera donc comme la voix même des chers petits orphelins, et ses humbles accents attendriront certainement bien des cœurs. Peut-il y avoir, du reste, une voix plus éloquente que celle des enfants, surtout quand ces enfants sont de pauvres petits malheureux qui ont perdu leurs parents bien-aimés.

II. SA NÉCESSITÉ

Il y a toujours eu dans le monde une chose profondément sympathique et particulièrement intéressante ; cette chose, c'est l'éducation ou la formation de l'enfance. Cette éducation, il semble, revêt un caractère spécial de grandeur quand elle a pour objet des enfants pauvres et privés de leurs parents. Est-il, en effet, une œuvre plus digne d'intérêts que celle qui consiste à remplacer un père et une mère auprès de petits êtres chéris si prématurément visités par l'épreuve ? Ils ne sont pas moins intéressants, les enfants plus nombreux encore, dont les parents sont malades ou dans la misère. Quel affligeant spectacle, que la vue de ces enfants grandissant péniblement au sein de la souffrance et de la privation, parmi les dangers de tous genres et ne recevant aucune éducation.

Depuis longtemps, la charité chrétienne s'est ingéniée à venir en aide à ces jeunes âmes si éprouvées dès l'âge le plus tendre. Elle a opéré des merveilles pour recueillir et élever les enfants orphelins, pauvres et abandonnés. A l'heure actuelle, dans la région lyonnaise, des établissements de bienfaisance abritent de nombreux enfants appartenant aux classes les plus pauvres de la société. Toutefois, ces institutions sont trop peu nombreuses pour répondre à tous les besoins de l'enfance. Comme on l'a justement constaté, ces institutions s'occupent particulièrement des petites filles. Ce n'est pas à dire que les besoins soient moins nombreux, ni moins pressants pour les petits garçons, car ils sont légion, en ville surtout, ceux qui sont abandonnés à eux-mêmes et qui manquent de surveillance, sinon de pain.

III. SON BUT

Le but de l'Institution n'est pas seulement d'assurer la nourriture et le vêtement aux petits orphelins qu'elle accueille, mais encore et surtout de donner une sérieuse éducation à ces jeunes âmes, tant au point de vue moral qu'intellectuel.

Ces enfants sont actuellement reçus, à partir de l'âge de six ans révolus, et sont gardés dans l'établissement jusqu'à l'âge de treize ans accomplis, âge légal où il leur est permis de se placer et d'apprendre une profession ou un métier en rapport avec leurs goûts et leurs aptitudes. Cette Institution a donc cela de particulier qu'elle s'occupe plus spécialement des enfants, durant les années où il leur est absolument impossible de se rendre utiles, mais où ils ont, par contre, un plus grand besoin de soins et d'éducation. Rien n'est épargné pour leur donner d'abord une sérieuse instruction religieuse dont les résultats doivent être durables. Plus que tous, les enfants des classes laborieuses et pauvres ont besoin d'avoir dans le cœur des sentiments profondément religieux qui les soutiennent toujours au milieu des luttes et des difficultés de l'existence. C'est pour cela qu'ils sont préparés, avec un soin tout particulier, à la première communion, ce grand acte de la vie chrétienne.

Pendant que l'on cherche à former ces enfants aux notions et aux pratiques religieuses, rien n'est négligé pour instruire leur jeune intelligence par l'enseignement primaire qui leur est donné conformément aux programmes officiels. On s'efforce de les préparer au certificat d'études, afin qu'ils puissent le recevoir avant leur sortie de l'Institution. Chaque année, un certain nombre d'enfants subisssent avec succès les épreuves du certificat d'études. Un excellent instituteur laïque libre, agréé par l'Académie, leur donne l'instruction primaire, et un prêtre dévoué, désigné comme aumônier par l'Évêché, leur donne l'instruction religieuse. Le directeur de l'Œuvre fait tout ce qu'il dépend de lui pour bien placer les enfants au sortir de l'orphelinat, en les confiant à des patrons recommandables et en les faisant entrer dans des maisons d'apprentissage, où ils n'ont rien à craindre pour leur vertu.

IV. SON INSTALLATION

Quand elle possèdera les ressources nécessaires, l'Institution pourra prendre de rapides développements, vu qu'elle possède un vaste local bien approprié à un orphelinat, et qui lui permettra d'accueillir un assez grand nombre d'enfants. La maison, qui est de construction récente, remplit, en vérité, les meilleures conditions d'hygiène, car elle est placée au milieu d'un vaste jardin où les enfants respirent toujours un air pur et salutaire à leur santé.

Voici, du reste, la description sommaire de l'intérieur de la maison : Au rez-de-chaussée, se trouvent les parloirs, l'ouvroir (où des dames charitables, le mardi et le vendredi de chaque semaine, viennent aider aux réparations du pauvre linge des petits orphelins), la chapelle de l'Œuvre et diverses pièces secondaires pour le service. A l'entresol, sont les réfectoires des enfants et de leurs maîtres, les cuisines et dépenses, ainsi que la lingerie. Au premier étage sont les dortoirs des enfants avec leur vestiaire, les diverses salles d'étude et de classe et les appartements réservés à leurs maîtres. Enfin, un vaste préau, organisé dans les sous-sols de la maison, leur permet de prendre joyeusement, à l'abri, les récréations qu'ils ne peuvent pas prendre, durant les jours froids et humides, dans les cours extérieures dont la plus grande est abondamment ombragée par de magnifiques platanes.

On ne sera pas étonné, si l'on n'a pas encore pu solder toutes les dépenses occasionnées par la première installation de l'établissement. Outre une organisation toute spéciale de la maison, dans la distribution des appartements, il a fallu meubler les dortoirs de lits et de matelas, munir de tables et de bureaux les réfectoires ainsi que les salles d'étude et de classe.

V. CONDITIONS D'ADMISSION

Les principales conditions d'admission dans l'institution sont les suivantes :

1° Les enfants ne sont reçus actuellement qu'à l'âge de six ans révolus et ils doivent jouir d'une bonne santé.

2° Les parents ou tuteurs, en plaçant l'enfant, s'engagent par écrit à le laisser dans l'établissement jusqu'à treize ans accomplis.

3° Si les parents ou tuteurs retirent l'enfant avant l'époque convenue, ils paient à l'Œuvre l'indemnité, qui aura été convenue à son entrée.

4° Les parents ou tuteurs s'engagent également à ne pas retirer l'enfant durant les vacances qui sont passées dans la maison.

5° Les pièces à produire sont : le bulletin de naissance, l'extrait de baptême, le certificat de vaccination et le bulletin de décès du père ou de la mère, ou de tous les deux, s'il y a lieu.

VI. ACCUEIL FAIT

Cette intéressante institution, on le comprend, a été accueillie dès son berceau avec une bienveillance marquée. Il ne pouvait pas en être autrement, puisqu'elle a pour but de secourir de petits enfants, dont les précoces misères ont le don de toucher tous les cœurs sans distinction d'opinion.

Il nous serait difficile de redire ici les profondes sympathies qu'a inspiré la petite Œuvre des orphelins, durant les trois premières années de son existence. Ces sympathies sont de tous les jours, mais elles se sont surtout manifestées à l'occasion des fêtes diverses organisées en faveur de l'Œuvre.

Nous devons signaler d'abord le concours de ceux qui ont assisté aux cérémonies de première communion des petits orphelins, le 1er novembre 1902 et le 21 juin 1903. Ces touchants spectacles ont profondément ému les cœurs et des larmes d'attendrissement ont coulé à la vue de ces chers enfants, pieux et purs comme des anges, recevant leur Dieu, pour la première fois, mais en l'absence de leurs parents bien aimés, ravis déjà à leur affection.

Nous devons une mention toute spéciale aux nombreuses assistances d'amis, de bienfaiteurs et de zélatrices qui se sont rendus aux sermons de charité, donnés gracieusement et avec talent dans la chapelle de l'Œuvre, par deux prêtres de grand mérite, sous la présidence de M. le chanoine Royer, curé-archiprêtre de Villeurbanne, qui considère les petits orphelins comme les Benjamin de son immense paroisse. Le 28 décembre 1902, c'était M. l'abbé Marnas, de Notre-Dame de Bellecombe, qui plaidait admirablement la cause des petits orphelins. Le 20 décembre 1903, c'était M. l'abbé Sirech, de Saint-Pothin, dont on lira plus loin, avec intérêt, le touchant et éloquent plaidoyer en faveur des petits malheureux. Qu'il nous soit permis d'adresser un cordial merci à ces vénérés prêtres pour le concours de leur parole, apporté à l'Œuvre. Ce remerciement, nous l'adressons également à tous ceux qui ont contribué au succès de ces fêtes, par un dévouement si parfait et si désintéressé. Dieu seul connaît le zèle qui a été déployé pour la cause des petits malheureux, en particulier par de généreuses bienfaitrices, dont la modestie n'a d'égale que la bonté. Dieu connaît ces noms bénis et il saura les récompenser un jour magnifiquement. Les petits orphelins dans leurs prières journalières rappelleront, du reste, au Seigneur, les noms de tous ceux qui leur procurent, avec le pain du corps, la nourriture de l'âme par l'instruction et l'éducation.

VII. APPEL A LA CHARITÉ

Les Œuvres pour vivre et pour prospérer ont besoin du concours charitable des personnes généreuses et dévouées : aussi nous n'hésitons pas d'adresser un pressant appel et de tendre la main en faveur des petits garçons orphelins, pauvres et abandonnés. Nous savons que nous faisons une œuvre chrétienne et française, dont l'utilité et la nécessité n'échappent à personne. Nous voudrions secourir ces jeunes cœurs aptes aux plus généreux sentiments, s'ils sont bien dirigés dès leur enfance, mais aussi capables des plus grands forfaits, s'ils sont privés des secours bienfaisants que leur doivent et la religion et la société.

Est-il œuvre plus utile et plus nécessaire que celle qui consiste à faire des chrétiens convaincus, des hommes de devoir, de futurs défenseurs de la patrie ?

Nous faisons appel à la charité de toutes les classes de la société. Les plus fortunés peuvent soutenir l'Œuvre de leur bourse, d'autres ne pouvant offrir de l'argent offriront des vêtements. Des mains habiles et charitables confectionneront ou répareront des bas ou des chaussettes, des habits ou du linge. Plusieurs n'ayant pas même cette ressource peuvent s'adresser à ceux qui peuvent donner pour ces enfants. Tous, enfin, peuvent au moins dire une prière, afin que Dieu, qui est le père par excellence des petits orphelins, bénisse cette institution charitable entreprise pour sa gloire et pour le soulagement de l'enfance malheureuse.

O vous, cœurs généreux, qui lirez ces lignes, si vous pouvez venir en aide aux petits orphelins, n'hésitez pas de les secourir, Dieu vous bénira et, selon la parole de l'Evangile : *Il regardera comme fait à lui-même tout le bien que vous aurez fait au plus petit des siens.*

N. B. — **Pour tous renseignements, offrandes, demandes d'admission, s'adresser à M. l'abbé Liaud, 46, cours de la République, à Lyon-Villeurbanne.**

SERMON DE CHARITÉ

Prononcé par l'Abbé SIRECH

EN FAVEUR DE L'ŒUVRE DES PETITS GARÇONS ORPHELINS

Le 20 Décembre 1903

DANS LA CHAPELLE DE L'ŒUVRE

Le touriste, qui parcourt, en l'étudiant, le régime des hautes montagnes qui servent de frontière à l'Italie et à la Suisse, rencontre, au point culminant de tous les cols, une ou quelques maisons isolées, sombres, austères, nommées hospices. Ce sont, en effet, ces demeures, quelques-unes très vastes, qui servaient d'asile aux voyageurs surpris par les frimas et les neiges qui recouvraient les routes, alors qu'elles n'étaient autrefois que d'étroits et rudes sentiers. A ces altitudes, durant huit mois d'hiver, l'avalanche quelquefois homicide est toujours à redouter. La charité chrétienne des religieux hospitaliers et des monarques catholiques, pour éviter que la froide neige ne servit de linceul aux pauvres égarés, ouvrit à ceux-ci bien larges les portes de ces hospices sauveurs. Quand le voyageur frappait à la porte du monastère, une cloche remuait les échos des voûtes sombres et sonores, et, le sourire aux lèvres, l'humble religieux le venait recevoir. Il était logé, nourri, chauffé gratuitement. Et puis, quand la tourmente avait cessé de mugir, quand la neige en se fondant avait gonflé les torrents, quand le soleil était revenu se jouer dans les purs glaciers, celui qu'avait pour un temps abrité l'hospice repartait sans crainte, pour achever sans danger le voyage interrompu.

Ce détail historique et ce fait géographique m'ont permis d'esquisser brièvement le dessin, le programme, le but de l'Œuvre pour le soutien de laquelle nous sommes réunis ce soir.

L'homme, dans son voyage du berceau à la tombe, qui le mène de Dieu à Dieu, trouve sur sa route escarpée de fréquents périls ; périls de l'âme, périls du corps. Or, ce que la charité évangélique a fait dans les siècles du vieux passé pour ces voyageurs qui traversent les régions où le soleil se laisse vaincre par le glacial aquilon, la charité moderne vient de le faire pour ces enfants assis sur ces bancs. Et les hospices bâtis au sein des âpres montagnes, elle les construit aux portes comme au cœur des tumultueuses cités.

L'orphelinat de la Cité-Lafayette reçoit en ses murs les petits garçons que les tempêtes du monde menacent et affligent, dès l'aurore de leur vie. Il les protège contre les avalanches nocives qui les engloutiraient sans merci.

Ils sont orphelins, ces chers petits, dignes par conséquent de toute pitié intelligente et éclairée.

Orphelins : pour eux, s'est réalisé le vers du poète, *cui non risere parentes*, leurs parents ne leur ont point souri. Ils ignorent et à tout jamais ignoreront le sourire qui éclaire le visage du père et embellit la physionomie de la mère.

Orphelins : la mort a creusé deux tombes près de leur berceau ; ou bien les cœurs qui les devaient aimer, sont morts, ne battant plus pour eux, ils sont abandonnés.

Orphelins : ils marchent à tâtons dans les difficiles sentiers d'une vie exempte de faveurs et bordée de précipices.

Orphelins : ils ont froid au cœur, et comme tout homme ici-bas, ils ont besoin d'un cœur qui les aime.

Orphelins : ils ont faim et leur frêle santé réclame le pain qui fortifie et fait grandir.

Orphelins : ils sont faibles, et un asile est nécessaire à leurs forces bien vite amoindries par les privations.

Orphelins : ils pleurent, et ils attendent la main qui essuiera leurs larmes en caressant leur innocent visage.

Orphelins : ils sont sans soleil, et tournent un regard suppliant vers la lumière du grand astre de la charité qui brille dans le ciel du Bon Dieu.

Orphelins : dépourvus de tout, ils reçoivent tout, en cette maison bénie.

Mais restreint, hélas ! est le nombre des privilégiés qui en franchissent le seuil. Combien ont frappé et frappent journellement à la porte, et auxquels, Monsieur l'Aumônier, avec la tristesse au front et la peine au cœur, est obligé de répéter les navrantes paroles dites grossièrement à Jésus de Noël : « Allez plus loin ; de place il n'en est point ici pour vous. » L'hôtellerie de Bethléem regorgeait d'étrangers ; l'orphelinat de la Cité-Lafayette n'a pas un lit qui ne soit pourvu !!.

Bénis soient-ils, ces chers petits qui sont admis !

Si le voyageur de la montagne trouvait autrefois et encore aujourd'hui à la porte de l'hospice un religieux qui lui offrait mains et sourires, l'enfant orphelin trouve ici le plus gracieux accueil d'un prêtre qui met sans compter la jeune sève de son sacerdoce au service de l'œuvre qu'il a fondée avec hardiesse, et qu'il dirige avec une intelligence que seule sa modestie saurait surpasser.

Ici, comme sur les sommets, l'enfant hospitalisé est gratuitement logé et nourri. Je sais bien qu'*en principe* une très modeste mensualité doit être versée par la famille ou les répondants. Je sais aussi qu'*en fait* cette contribution insignifiante se fait attendre longtemps, si longtemps que la gratuité prodigue ses bienfaits, escomptant d'ailleurs la charité des âmes qui se sont groupées ce soir sous le regard du Maître.

Enfin, quand le soleil du quatorzième printemps aura fait fondre, sous les pas de ces enfants devenus jeunes gens, les neiges dangereuses des mauvais jours, ils partiront vers les horizons illuminés d'espoir ; la vie leur sera moins amère, moins âpre le labeur ; nourris, fortifiés, instruits, moralisés, catéchisés, sanctifiés par la grâce, ils pourront affronter les batailles de la vie et assurer le triomphe de leur foi et de leur vertu.

***

Tel est d'ailleurs le résultat précieux de cette Œuvre charitable : un grand bien en couronne les efforts.

Cet orphelinat fait partie de l'immense réseau protecteur de l'enfance. Notre temps a, sans doute, à son passif bien des crimes et autant de déchéances ; il a à son actif, pourtant, une progressive et consciencieuse recherche de tout ce qui protège l'enfant dans son âme et dans son cœur.

L'enfant est tout à la fois pur et faible : sa pureté, il la faut protéger ; sa faiblesse demande à être défendue.

Pour tous, sacrée est l'enfance, parce qu'elle est pure. Edmond About a dit avec raison : « Que les êtres les plus pervertis éprouvent un respect involontaire devant cet âge sacré plus auguste même que la vieillesse. La vieillesse est comme une eau reposée qui a laissé tomber au fond toutes les impuretés de la vie. L'enfance est une source échappée de la montagne et qui est pure jusqu'au fond. Les vieillards ont la science des biens et des maux. L'ignorance des enfants est comme la neige sans tache de la Yungfran que nulle empreinte n'a souillée, pas même l'empreinte du pied d'un oiseau. »

Faible, l'enfant réclame protection.

Il y a quelques années, un illustre avocat de Paris, qui eut été mieux avisé de dédaigner la politique, plaidait un jour dans une ténébreuse affaire de captation d'héritage au détriment d'un jeune enfant orphelin. Dans une sobre, mais très éloquente péroraison, il disait : « Quand la brutalité ou quand la convoitise, ces deux bêtes humaines pour lesquelles nous n'avons pas su forger des chaînes assez fortes, s'en prennent à l'enfant, alors, Messieurs, la colère s'éveille, et la justice des foules devancerait aisément la justice de la loi. »

Quoi qu'il en soit de cette justice des foules, ayons au cœur la juste charité appelée à servir de rempart contre les ennemis des faiblesses de l'enfance orpheline.

Il est des ennemis qui menacent corps, santé et vie. Mais l'orphelinat lutte contre la faim qui use et étiole les santés. Le pain qui leur est largement rompu en cet asile délivre nos enfants des tortures humiliantes de la faim. Laissés à la rue, ils eussent probablement appartenu à cette catégorie de malheureux dont les entrailles hurlent la faim, et pour lesquels se pose ce sinistre dilemme : mourir d'inanition ou voler. Faméliques, ils eussent peut-être stationné les soirs d'hiver dans la boue sombre, sur les trottoirs illuminés, devant les étalages remplis de dispendieuses victuailles. Ils n'auraient eu à manger que le spectacle de ceux qui mangent. Tantales lamentables du ruisseau, ils seraient morts, frôlés par le luxe et le plaisir ! !

Puis, réfugiés ici, ils échappent à la tuberculose qui tient ses plus meurtrières assises dans le taudis des indigents et guette les petits, débilités au préalable par le froid et la faim. Nourris et logés, ils peuvent en avançant en âge voir diminuer, en leur faveur et dans une très large mesure, les chances d'être contaminés et emportés par cette insatiable pourvoyeuse de la mort.

Il est d'autres ennemis qui menacent l'âme, la conscience de l'enfance. L'expérience nous apprend, en effet, chaque jour, que l'enfant qui s'élève dans la rue, qui mendie, qui est l'esclave de la misère, est perdu à tout jamais. L'immoralité qui germe à son aise dans les bas-fonds de la société, les promiscuités de la misère, en détruisant son sens moral, le disposent inéluctablement à l'irréligion. Or, ici, l'instruction lui prodigue ses lumières, le catéchisme le prépare à la première communion, et au cours de ces années qui décident de la vie, il s'incorpore les féconds principes de la morale évangélique et s'impreigne des divins sentiments de la religion de Notre-Seigneur.

Et pour tout dire en un mot : *Hors de l'orphelinat*, vos enfants adoptifs, Mesdames, eussent connu toutes les misères, commis bien des crimes. Quel amoncellement de ruines : êtres malfaisants, âmes viciées, consciences pervertíes, salut compromis, ciel à tout jamais perdu !...

Dans l'orphelinat, au contraire, ils sont merveilleusement disposés à devenir : des ouvriers laborieux ayant de saines habitudes d'ordre et d'économie — des citoyens sérieux, dignes de fonder plus tard un foyer, et de servir noblement sous les drapeaux — des chrétiens sans reproche, capables de défendre sans trembler leur Christ comme le plus sacré des trésors, et leur religion comme le plus insaisissable des biens.

*
* *

Ce bien, si réel et si consolant, s'effectue par la charité, qui est l'apanage incontestable de l'Eglise qui nous a donné son baptême. Ah ! loin de moi la pensée de jeter un néfaste discrédit sur cette bienfaisance humaine qui prend en pitié les misères sociales ; sur cette solidarité, qui, par ses puissants et modernes organes, subvient dans une notable mesure aux infortunes de plusieurs. Je ne puis nier, — et c'est s'honorer que de le reconnaître, — qu'un souffle puissant de générosité sociale passe sur le monde du vingtième siècle, et fait mûrir les abondantes moissons que les peuples en émoi attendent pour les mauvais jours. Mais tout esprit loyal et observateur est obligé de constater que de ce mouvement qui emporte les sociétés modernes vers un meilleur avenir, l'Eglise avec ses vingt siècles de charité a toujours pris la tête et qu'elle a, en tout temps, réalisé d'indiscutables merveilles.

Ce résultat tangible, évident, qui est à lui seul la plus victorieuse apologie de l'influence sociale de l'Eglise, a eu le don de froisser et d'irriter l'incrédulité moderne.

Voici deux attestations de ce que j'affirme :

Le premier magistrat d'une grande cité disait, il y a trois ans, et l'a répété souvent depuis : « Nous savons trop bien que la charité catholique n'est qu'un moyen de prosélytisme et de pression sur les consciences. En perpétuant le principe de la charité catholique, on rend le plus déplorable service aux malheureux qui doivent être secourus au nom d'un droit, et non d'une faveur. »

« L'aumône, écrit M. Anatole France, est avilissante pour qui la fait et qui la reçoit : les heureux par ces petits acomptes, dont eux-mêmes fixent le montant, n'acquittent nullement leur dette sociale et la charité doit s'effacer devant la justice. »

La justice ! Ah ! parlons-en ! Fonder le relèvement des classes et le soulagement des dépourvus sur la justice : quelle utopie ! Et depuis quand la justice sera-t-elle assez persuasive, assez puissante, assez respectable pour faire une obligation stricte, à celui qui possède, de se dépouiller en partie pour celui qui ne possède que des haillons !

Ah ! si les pauvres qui manquent de pain attendent les décrets de la justice pour en manger, ils ont le temps de mourir cent fois, et de maudire mille fois ceux qui, par haine religieuse, ont voulu déflorer la couronne de charité, déposée par la reconnaissance universelle sur le front de l'Église, couronne dont les plus beaux diamants sont faits de toutes les larmes des secourus.

Oui, la charité catholique, en matière de bienfaisance, joue le principal rôle et elle le joue généreusement.

Je suis ici, Mesdames, pour rendre hommage à cette charité héroïque, qui a le sens des misères humaines et qui met en relief cette parole de La Bruyère : « Devant certaines misères, il y a la honte d'être heureux. »

Je suis ici pour solliciter à nouveau votre charité, afin que l'œuvre que nous admirons puisse s'étendre et se développer. M. l'Aumônier n'a pu jusqu'à ce jour que faire petit, il rêve pour l'avenir de faire grand. A vous, Mesdames, de réaliser les rêves de son zèle sacerdotal.

Je suis ici, enfin, pour rendre audacieuse votre charité. De même que l'enfance ne doute de rien, ayant devant elle les espaces bleus de l'infini du ciel, de même la charité faite à l'enfance peut se permettre toutes les audaces, parce qu'elle légitime toutes les espérances. Une femme supérieure exprimait admirablement naguère cette vérité en une lettre dont voici une phrase : « Pour venir en aide aux misères des autres, il faut parfois savoir être audacieux ; et quand les autres sont des enfants, ceux à qui l'on s'adresse deviennent facilement pitoyables. »

*
* *

Cette charité, enfin, j'ai à vous dire qu'elle est fondée sur le dévouement féminin.

Que le dévouement, Mesdames, soit plus particulièrement votre lot, votre prestige, votre fait, il est à peine besoin de le démontrer.

Le dévouement est l'abandon total de soi-même au service d'autrui. Il est la forme suprême de l'amour qui donne tout. *Seule*, la femme en est capable.

Les artistes donnent, à ceux qui les apprécient et les recherchent, leur savoir et leur talent ; en donnant ce qui fait leur supériorité, ce n'est pas le dévouement qu'ils mettent en pratique.

Les serviteurs, pour un gage convenu, donnent, à qui les emploie, leur activité du matin au soir ; ils servent, mais ne se donnent pas dans la plupart des cas.

Les amis disent, à ceux qu'ils fréquentent et qui les reçoivent, tout leur sentiment, en des phrases chaudes et des mots bien tournés. Qu'on ne leur demande pas de se déranger, d'exposer leur avoir, et de souffrir pour autrui ; leur cœur est plein de banalités et vide de dévouement.

Le dévouement donne argent, temps et soi-même par-dessus le marché.

Or, Mesdames, Dieu a fait de vos cœurs le sanctuaire authentique du dévouement. Cela est visible dans les fonctions qui vous incombent et les mille détails de votre vie.

A l'intérieur de la famille, l'enfant ingrat, dépourvu de sens moral, chassé du collège, et abandonné par le père humilié et irrité, trouve un refuge dans le dévouement de sa mère, qui seule ne s'est pas découragée et s'est refusée d'achever le roseau qui a déjà fléchi.

Sous le toit conjugal, l'homme ruiné, perdu, abandonné par les amis, menacé par les ennemis, n'a qu'à s'adresser au dévouement de sa femme pour se sentir encore aimé et soutenu.

Dans les asiles charitables, où échouent les plus viles épaves de l'humanité souffrante, c'est encore la femme qui met son dévouement au service de la plus ingrate vieillesse et de la plus sordide abjection.

Aux plus mauvais jours de 1871, le foyer du théâtre Français était transformé en ambulance. Des soldats blessés, mourants, tombés sous les balles et les obus des Prussiens, sont là, couchés, rouges du sang qui coule de leurs blessures béantes. Qui les soigne, les entoure, et adoucit leurs souffrances ? De jeunes femmes, la plupart faites pour le plaisir, d'illustres actrices, ont fait taire le bruit et les frivolités de leur vie, pour n'écouter que les accents de leur dévouement.

Oui, Mesdames, toujours, partout, la femme se dévoue. Et ce dévouement s'accroît et s'auréole de vos exquises qualités d'esprit et de cœur. Vous êtes de la race de ces femmes de grand caractère, qui pourraient paraphraser en leur personne un mot célèbre de Mme de Tencin parlant à Fontenelle, et dire en mettant la main sur leur cœur : « C'est de la cervelle qu'il y a là », et ajouter en la portant à leur front : « C'est du cœur qu'il y a ici. »

Et c'est parce que votre dévouement est si noble que vous vous imposez à l'admiration universelle et que vous régnez sur le monde.

C'est par le dévouement que Dieu a régné sur l'Univers : *Regnavit a ligno Deus*. Du haut de la Croix, Dieu a régné. C'est la parole de la Sainte Eglise, et combien vraie cette parole ! Dieu n'avait pas réussi à s'imposer au monde par les merveilles de la création, les foudres du Sinaï, la sagesse de Salomon, le despotisme de la Synagogue. Mais pour servir l'homme et le sauver de l'enfer, il est monté sur une croix ; et l'homme a écrit au-dessus de sa tête cette déclaration consacrée par les siècles : « Maintenant il est Roi. »

Et quand la vérité voudra faire de vous le plus loyal panégyrique, elle sera bien forcée de dire que vous êtes supérieures à l'homme par les multiples ressources de vos grands cœurs, mais que vous régnez sur le monde qui s'incline devant vous, parce que vous vous dévouez à ses infortunes !

Et parce que vous êtes la personnification gracieuse du dévouement, vous serez ce soir généreuses, très généreuses pour les orphelins qui sont si honorés de votre visite.

Votre aumône aura, n'en doutez pas, un insigne mérite, aux yeux des chers petits et de leur paternel aumônier : leur reconnaissance vous est acquise et, chose très rare, vous sera fidèle. Mais inappréciable sera son mérite aux yeux de Dieu. Quelle est celle d'entre vous, Mesdames, qui n'ait, au jour de ses vingt ans, connu l'enthousiasme suscité par la blanche cornette de la Fille de la Charité, et envié le sort de ces vaillantes femmes qui ont fait de leur robe de laine le linceul de la beauté qui leur eût valu les sourires du monde? Oui, nombreuses parmi vous sont celles qui, désireuses de faire beaucoup de bien, ont fait le rêve de porter les insignes ailées de la sœur de charité qui déplace, en passant dans le monde qui les bénit, à peine un peu de silence, comme les cygnes déplacent à peine un peu d'eau!

Croyez, Mesdames, que par vos charités vous pouvez embellir vos vies, dans le monde, de tous les mérites dont embellissent leur vie religieuse les admirables filles de Saint-Vincent de Paul.

L'histoire raconte qu'Abd-El-Kader, ayant vu à l'œuvre une fille de la charité, ramassant sur les champs de bataille ceux de ses soldats qui étaient blessés, fut si émerveillé de constater que cette femme vêtue de bure se dévouait à des musulmans avec autant d'amour qu'aux soldats français, résolut de lui faire l'honneur de la revue de ses troupes. Et devant la religieuse héroïne de la charité, défilèrent les bataillons musulmans; et devant la croix qu'elle portait sur sa poitrine, s'inclinèrent les drapeaux de Mahomet.

Ils défilent aujourd'hui devant vous, Mesdames, les chers enfants, qui saluent en vous l'apparition de la Bonté chrétienne. Ils vous salueront plus tard dans la vie, devenus hommes, fiers de leur honnêteté et riches de leurs travaux, ils s'inclineront devant vos mérites. Leur reconnaissance n'oubliera pas que vous aurez mis en leurs mains l'outil qui les aidera à manger du pain et à se faire une place au soleil : et quand vous passerez dans leur mémoire, ils vous présenteront les armes de l'honneur.

Dans le ciel enfin, ils passeront aussi devant vous, et ce sera pour chanter, sous le regard de Dieu, le cantique d'action de grâces que sur terre ils ont entonné aujourd'hui.

Amen !

www.ingramcontent.com/pod-product-compliance
Lightning Source LLC
LaVergne TN
LVHW020457230826
846091LV00008BA/3258

* 9 7 8 2 0 1 9 9 8 3 4 3 7 *